Alfred Pacher
Herbert Strutz

Nikolaus und Krampus

VERLAG johannes
heyn

Deutsche Bibliothek – CIP-Titelaufnahme

Alfred Pacher – Herbert Strutz
Nikolaus und Krampus
Klagenfurt, Verlag Johannes Heyn
3. veränderte Auflage 1994

© by Verlag Johannes Heyn, Klagenfurt, 1961
3. veränderte Auflage 1994
Druck und Bindung: Druckerei Theiss GmbH, St. Stefan

Unveränderter Nachdruck im Kleinformat, 2007

ISBN 978-3-7084-0261-1

Im blauen Himmel, wie ihr seht,
ein Schloß hoch in den Wolken steht
mit Turm und Tor, ein schönes Haus.
Darinnen wohnt der Nikolaus.

Lang blättert hier der heilge Mann
im Buch, starrt den Kalender an,
denkt dann: »Pardautz! die Zeit ist knapp,
Ich muß zur Erde ja hinab.«

»Hallo!« ruft er durchs Telefon
den Krampus an, den Höllensohn.

»Wir treffen uns am Erdentor!«
Und Puck, der Kleine, spitzt sein Ohr.

Rasch eilt nun Puck zum kleinen Pitt
und spricht: »Wir wollen diesmal mit.«
Und aus den Flammen springt heraus
die schwarze Höllenfledermaus.

Die kleinen Teufel denken nun:
»Herrje, wie sollen wir das tun?«

Bald aber haben sie's entdeckt
und sich im Buckelkorb versteckt.

Aus Höllendampf und Qualm marschiern
die Krampusse. Die Ketten klirrn.

Ganz heimlich reisen Puck und Pitt
versteckt im Korb zur Erde mit.

Vom Himmel nieder schwebt fürwahr,
gefolgt von seiner Dienerschar,
nun auch der Nikolaus. Und weiß
glänzt rings das Land in Schnee und Eis.

Auf Erden angekommen dann
reist weiter gleich der heilge Mann
zum Krampus, der ganz nah der Stadt,
wie ausgemacht gewartet hat.

Nun ziehen sie von Tür zu Tor
und sprechen bei den Kindern vor.

Den Braven schenkt der heilge Mann
Goldnüsse, Äpfel, Marzipan.

Doch Pitt und Puck, die schlimmen Zwei,
die springen fort, nun endlich frei.

Seht nur, die bösen Teufelein!
Hier schlagen sie das Fenster ein.

Sie quälen Hühner, Gänse, ach,
und stiften stets nur Ungemach!

Der Krampus aber fängt sie gleich,
bringt sie zurück ins Höllenreich.
Und Kinder, die nicht artig sind,
die holt er ebenfalls geschwind.